Die Tugend auf der Schaubühne oder

Harlekins Heirath; Ein Nachspiel in einem Aufzuge

AF530117

Justus Möser

Alpha Editions

This edition published in 2022

ISBN : 9789356710702

Design and Setting By
Alpha Editions
www.alphaedis.com
Email - info@alphaedis.com

As per information held with us this book is in Public Domain.
This book is a reproduction of an important historical work. Alpha Editions uses the best technology to reproduce historical work in the same manner it was first published to preserve its original nature. Any marks or number seen are left intentionally to preserve its true form.

Contents

Personen des Nachspiels:

Herr Barthold, Principal der Bühne.
Kolombine, seine Tochter.
Harlekin, Schauspieler.
Scapin, Schauspieler.
Isabelle, Schauspielerin.
Valer, Schauspieler.
Peter, Lichtputzer.

Erster Auftritt.

Herr Barthold, Harlekin.

Harlekin (macht drey tiefe Verbeugungen).

Barthold. Was will Er, mein guter Freund?

Harl. (Macht wieder einige Verbeugungen).

Barth. Bücke Er sich so lange bis Er müde wird, und dann kann Er mir sagen was Er zu sagen hat. Die jungen Leute gewöhnen sich das itzt so an, daß sie einem die Zeit mit tausend Komplimenten verderben. Wenn man in meiner Iugend zu einem Mann im Amte ging: so machte man ihm einen einzigen Bückling, und kam dann zur Sache. Das war eine gute Mode; dabey sollte man es lassen.

Harl. (in fremdem Ton) Hochedelgeborner und Gestrenger--

Barth. Damit geht schon wieder eine Minute hin.

Harl. Sie erlauben großgünstig--

Barth. Wieder eine Minute.

Harl. Daß ich mir die Freyheit nehme--

Barth. Noch ein Wort von solchem Schlage, und ich prügle Dich zum Dinge hinaus.

Harl. (im gewöhnlichen Ton) Ich komme, Herr Barthold, wegen Ihrer jüngsten Tochter Kolombine; sie gefällt mir--

Barth. Gehorsamster Diener, gehorsamster Diener, mein werthester Herr Harlekin! Verzeihen Sie, daß ich Sie sogleich nicht gekannt habe. Meine Augen vergehen mir allmählich, und Sie redeten mir in einem solchen Candidatenstil, den ich an Ihnen nicht gewohnt bin.

Harl. Ich kann heirathen, ich muß heirathen, und ich will heirathen.

Barth. Nun, das ist kurz. Das sind drey Hauptursachen, die nicht von allen Leuten so recht verstanden und empfunden werden. Was gedenken Sie denn aber Ihrer künftigen Witwe zum Leibgedinge auszusetzen?

Harl. Erstlich, gedenke ich nicht vor ihr zu sterben.

Barth. Das ist freilich ein guter Vorsatz; allein Ausführung kommt bisweilen gar sehr auf die Frau an: diese hat vielerley Mittel, einen ehrlichen Mann in die Grube zu bringen, ohne Gift und Messer. Der

(A3)meinigen habe ich es, Gott sey Dank, abgesessen. Es war ein heller Gast; aber sie wurde so eingetrieben, daß sie sich aus dem sieben und zwanzigsten Kindbette nie wieder erholen konnte. Sie sehen, ich habe mich wohl gehalten.

Harl. Das merke ich. Zweytens, hat sie, so lange ich lebe, ein reichliches Auskommen. Meine Kunst als Harlekin hat einen goldenen Boden, und Kolombinchen hat gewiß auch eine Kunst worauf sie sich verlassen kann.

Barth. Ach, die Künste verlassen einen mit der Zeit, und wenn man alt wird, so ist nichts bequemers als von seinen Renten zu leben. Da ist ein Haufen Mühe und Sorge erspart.

Harl. Freylich, und ich denke eben deswegen ein Capital zurück zu legen, wovon zweytausend Thaler auf den Witwenstuhl kommen sollen, Nota Bene: wenn er keinen Haarbreit verrückt wird.

Barth. Das ist etwas hart; eine Witwe ist zu beklagen. Ich fühle, mein lieber Harlekin, wie sauer es mir in meinem sieben und siebenzigsten Iahre wird, mich nicht bisweilen auf einen hübschen weichen Witwenstuhl zu setzen.

Harl. Ich will es aber nun so; und darum gebe ich meiner Witwe einen Stuhl mit vier Beinen, damit er recht feste stehe. Zweytausend Thaler, wenn ich sie habe, sind, zum Henker, Geld. Was Kolombine erspart, soll sie zu ihrem Nadelgelde behalten, und wenn sie vor mir verstirbt, werde ich sie in ihrem besten Hemde begraben lassen.

Barth. Aber Sie vergessen die Morgengabe.

Harl. Das bin ich selbst: Morgen- und Abendgabe. Bringt mir aber Kolombine einen Sohn, wohl zu verstehen, wenn er mir ähnlich sieht; denn das fordere ich ausdrücklich: so soll er auch Barthold Harlekin heißen.

Barth. Ich dachte in der That, Sie wollten ihr sodann ein neues Kleid aufs Kindbette legen. Hören Sie, Herr Harlekin, ich habe der Mädchen viele, und schaffe sie mir gern vom Halse, weil sie auf ihren spitzen Absätzen leicht einmal unvorsichtiger Weise zu Falle kommen können. Ich will also nicht lange handeln. Kolombine ist die Ihrige; und zwar diesen Abend, wenn Sie wollen. Das bitte ich mir aber aus, daß Sie sie nicht heimlich entführen; ich würde sonst auf Ihrer Hochzeit nicht trinken können.

Harl. So weit sind wir noch lange nicht. Ich habe mich nur erst vorläufig erkundigen wollen, ob Sie mir Ihre Tochter wohl geben wollten, wenn ich *in forma* darum anhielte. Itzt ist noch ein kleiner oder großer Punkt übrig. Sie wissen, mein werthester Herr Barthold, daß man von den Comödiantinnen mancherley sagt. Kolombinchen hat ein Paar so allerliebste Tauben-Aeugelchen, sie hat so etwas, so etwas--ach, Herr Barthold, ich kann es nicht sagen, aber was sie hat, das sagt so viel--so viel--

Barth. Nun, wie viel denn?

Harl. Wenn eine Nuß leicht aus der Hülse fällt, ist sie denn auch wohl schon vom Wurme gestochen?

Barth. Ist das eine Frage für eine klugen Mann? Die Wurmstichigen sitzen allemal fest in der Hülse.

(A4)

Harl. Ach, Herr Barthold, sollte sie es nicht schon wohl versuchet haben?

Barth. Sie mag versucht haben was sie will, so hat sie allzeit nur ihre Rolle gespielet. Ein Mädchen auf der Bühne muß oft verliebt thun, oft küssen, oft lachen, und was dergleichen mehr ist. Das bringt aber die Comödie so mit sich. Wenn Kolombine die verschmitzte Buhlerinn vorstellt, so würde es sich ja nicht schicken, daß sie die Mine einer Matrone behielte. Wie oft hat sie nicht auch geweint! Meynen Sie aber, daß sie um deswillen, sie zu Hause gekommen, immer betrübt gewesen?

Harl. Ich habe allzeit gehört, die Unschuld soll so etwas Süßes, so etwas Körnichtes, so etwas von der braunen Kruste seyn, daß ich nicht gern eine Frau nehmen mögte, welche diesen Leckerbissen bereits verschenket hätte.

Barth. O mein lieber Harlekin, sind Sie da verbrannt: so rathe ich Ihnen gar keine Frau--anders als meine Kolombine zu nehmen.

Harl. Aber sehen Sie einmal Selbst, Herr Barthold, alle diese schönen Herrn, welche hier vor unsrer Bühne sitzen. Ihre Augen scheinen meinem lieben Kolombinchen das Mark aus den Knochen zu ziehen; und wenn sie tanzt; ach, wenn sie tanzt: so--so--tanzen alle Herzen mit ihr.

Barth. Sollten sie das wohl thun?

Harl. Wenn sie es nicht thäten, so mögte ich Kolombinchen nicht; und nun, da sie es thun, so traue ich Kolombinchen nicht recht. Denen Mädchen, die so hoch springen wenn sie tanzen, kann leicht ein Blümchen entfallen; und wenn das auch nicht wäre: so rühmt sich doch ein jeder, vielleicht selten mit Recht, daß er eines aufgenommen habe. Herr Barthold, Herr Barthold! eine hübsche Comödiantinn ist wohl selten, selten, selten eine Kirsche woran nicht schon ein Vogel gebissen hat.

Barth. Possen! es ist kein hübsches Mädchen in der Welt, wovon man nicht eben diese Vermuthung hat. Nicht, weil sie geschwinder Feuer fängt, als eine andere, sondern weil sie Tag und Nacht verfolgt und also leicht einmal im Schlummer überrumpelt wird. Wer sich aber daran stößt, der mag zu seiner Strafe eine Häßliche nehmen, und versichert seyn daß sie vor dem ersten Loche gefangen werde. Sie wird die Ehre, das Glück und das Vergnügen, in ihrem sterblichen Leben auch einmal angebetet zu werden, so verliebt erkennen; sie wird so besorgt seyn den Vogel nicht zu verscheuchen; sie wird so bange seyn, die einzige Gelegenheit zu verlieren; sie wird so fertig seyn, ihre vergängliche Waare an den Mann zu bringen, daß ich nicht Eines auf sie, aber wohl hundert auf ein hübsches Mädchen verwetten wollte, das die Wahl unter tausend Käufern hat. Und dann, mein lieber Harlekin, ist es eine bestialische Sache, eine garstige Hexe und doch keine braune Kruste zu bekommen. Für Kolombinen will ich allenfalls Bürge seyn.

Harl. Die Bürgschaft ist in der That etwas bedenklich. Ich hätte für meine Mutter nicht einstehen mögen.

Barth. Ich mag die Grillen nicht länger anhören. Kurz und gut, Sie nehmen sie, oder nehmen sie nicht; einige Gefahr werden Sie allemal laufen. --Doch, warten Sie, wir wollen heute einmal den Freyer vorstellen. Sie sollen der Bräutigam, und meine Tochter Kolombine Ihre Braut seyn. Sie können sie dabey auf (A5)die Probe stellen; und wenn es Ihnen dann nicht gefällt, so sind Sie am Ende wieder frey, und Sie haben nur eine verliebte Rolle gespielet.

Harl. Der Einfall ist wirklich gut. Ein jeder Freyer spielt doch nur eine Rolle; und wenn am Schlusse des Stücks die Heirath vollzogen wird, so hat die Rolle nur gar zu früh ein Ende.

Barth. Holla! Kolombine!

Zweyter Auftritt

Die Vorigen, und Kolombine.

Barth. Kolombine, Du sollst heute einmal die Braut seyn.

Kolombine. Ach, Papa, das bin ich gerne. Ich spiele nichts lieber als Braut und Bräutigam.

Harl. (Vor sich) O Du-- Sie wissen aber doch, meine schöne Kolombine, daß die Freyerey mit der Comödie ein Ende hat.

Kolombine. Nun, so können wir ja dasselbige Stück noch einmal spielen. Ich wollte, daß wir gar kein anderes auf unsrer Bühne hätten; und fast mögte ich das Heirathen verreden, um allzeit Braut zu bleiben. Ach, es ist so allerliebst Braut zu seyn.

Barth. Man kann heirathen, und doch noch immer die Braut spielen. Eine gute Partey kann man immer auf Abschlag nehmen; und die jungen Mädchen thun übel, wenn sie die Hand eines ehrlichen Mannes ausschlagen, um allzeit flattirt, adorirt, courtisirt, carressirt, und endlich meprisirt zu werden. Bist Du denn, meine Tochter, sonst noch nie die Braut als auf der Schaubühne gewesen?

Kolombine. Nein, Papa.

Barth. Hören Sie wohl, Herr Harlekin?

Harl. Ich höre und sehe, Herr Barthold.

Barth. Wo ist Scapin und Peter? Sie sollen auch herkommen, und den Freyer mitspielen. Isabelle, welche schon oft die Braut vorgestellt, und erfahrner ist als Du, Kolombine, soll Dir die rechte Manier zeigen.

Kolombine. O, Papa, ich will schon fertig werden, ich verstehe es schon.

Barth. Nun, so macht Ihr Beyde den Anfang. Ich will herumgehen, und den Uebrigen ihre Rollen ankündigen.

Dritter Auftritt

Harlekin und Kolombine.

Kolombine. Nun, Sie fangen an.

Harl. Nein, fangen Sie an.

Kolombine. Ach, nein! so habe ich es nicht gelernt. Der Bräutigam fängt zuerst an, und sagt: Ach, meine theuerste Schöne, wie lange habe ich mir nicht schon das Glück gewünscht, Ihnen mein Herz zu eröffnen.

Harl. Und was sagt denn die Braut?

Kolombine. Sie antwortet: O! Sie schmeicheln mir zu viel; ich weiß, es ist nur Ihr höflicher Scherz.

Harl. Und was antwortet denn Er wieder?

Kolombine. Er nimmt dann ihre Hand, küßt solche, und sagt: Ach, mögten Sie in dieses Herz sehen; da würden Sie lesen, daß mein aufrichtiger Wunsch niemals ein anderer gewesen, als das Glück Ihnen zu gefallen, und diese schöne Hand zu küssen.

Harl. Und läßt sie das so geschehen?

Kolombine. O ja, sie läßt ihm die Hand, und er küßt sie noch hundertmal; und seufzet dann, bis endlich die Braut solche nicht mehr zurückziehen kann, und mit ihrer ganzen Person folget.

Harl. Die Rolle mag ich nicht spielen.

Kolombine. Auf welche Art wollen Sie dann?

Harl. Ich sage: Kolombine, mein englisches Magentröpfchen, wenn Sie will, ich will wohl.

Kolombine. Und was muß sie denn sagen?

Harl. Sie spricht: Nun, ich will--

Kolombine. Nun ich will--

Harl. Fallen Sie mir doch nicht in die Rede. Sie muß sagen: Nun, ich will nicht.

Kolombine. Die Rolle mag ich nicht spielen.

Vierter Auftritt

Die Vorigen, und Barthold.

Barth. Nun, meine Kinder, habt Ihr angefangen?

Kolombine. Nein, Papa! In der Sache sind wir eins; wir können uns nur über die Rolle nicht vergleichen. Herr Harlekin will es besser wissen als ich, und mich dünkt, in diesem Stück könnte ich lange sein Meister seyn. Ich bin von Iugend auf bey dem Schauspiele erzogen; bin so mannichmal Braut gewesen,und muß es vermuthlich besser wissen als er.

Barth. Nun, Harlekin, so sollten Sie sich auch weisen lassen. Kolombine führet Sie gewiß keinen unbekannten Weg.

Kolombine. O nein! Ich dachte es eben so zu machen wie die selige Mama.

Barth. Wie ich meine selige Frau heirathete, folgte ich ihr blindlings, und unsere Ehe würde nicht so gesegnet gewesen seyn, wenn ich minder folgsam gewesen wäre. Sie war allzeit fertig mich zu unterweisen, und ihr Exempel that bisweilen die besten Dienste. Oft war mir ihr Unterricht sehr ungelegen; aber das war, der Himmel weiß, ihre Schuld nicht.

Harl. Das Schlimmste sind meine Scrupel; und ich begreife noch nicht, Herr Barthold, wie solche durch unsre Comödie werden gehoben werden. Stellt Kolombine die Braut gut vor, so werde ich denken: sie versteht ihre Rolle; und stellt sie solche nicht gut vor, so werde ich denken, sie versteht noch eine Rolle. Und der Himmel weiß, ob sie nicht noch eine dritte versteht. Es ist doch schlimm, daß man das Ding nicht auf die Goldwage bringen kann.

Barth. Die beste Goldwage ist ein gutes Vertrauen; wer das nicht hat, der ist schon wirklich betrogen; und wer es hat, der ißt seinen Salat, schluckt eine Schnecke mit hinunter, und findet ihn noch schmackhafter.

Harl. Ich mögte darauf Ihr Gast nicht seyn. Wer heiraten will, muß nicht Blinde-Kuh spielen, sondern wohl zusehen was er greift.

Kolombine. Oho! Herr Harlekin! itzt verstehe ich das Ding mit der Goldwage. Auf ein Paar Aeßchen können Sie gewiß rechnen, die ich schon verloren habe. Denn der Schneider hat mir gar kein Eisen in meine neue Schnürbrust gemacht. Indeß, da die Comödie aus ist, habe ich die Ehre mich Ihren Scrupeln zu empfehlen.

Barth. Ich meyne es auch so. Beschlafen Sie die Sache! Ein guter Traum ist im Heirathen oft die beste Entscheidung.

(Sie gehn Beyde ab.)

Fünfter Auftritt.

Harlekin. Scapin und Peter.

Harl. (vor sich) O weh! der erste Versuch ist nicht zum Besten abgelaufen. Itzt mögt' ich wohl, nun will sie nicht.

Scapin. Wird denn heute nicht gespielt? Herr Barthold hat mich herbestellt, um den Freyer mit vorzustellen. Ich sehe aber keine Anstalten.

Peter. Ich sollte auch einen vorstellen--

Harl. Ha, mein guter Peter, magst Du es denn gern thun?

Peter. O ja. Ich muß sonst immer nur die Lichter putzen; wenn aber der Freyer gespielet wird, so--so küsse ich, wollt' ich sagen, Cathrinchen.

Harl. Und Du, Scapin?

Scapin. Meine Rolle in diesem Stück ist immer nur ein Puckel voll Schläge, und ich könnte eben nicht sagen, daß ich solche jetzt nöthig hätte.

Harl. Hör' einmal, mein lieber Scapin! Ich weiß, Du bist schlauer als mancher Dieb, der gehangen wird; ich muß Dir eins im Vertrauen sagen.

Peter. Ich hoffe doch nichts von Cathrinchen?

Harl. Ich wäre wohl gesonnen, des Herrn Bartholds jüngste Tochter Kolombinchen in allen Ehren zu heirathen--

Peter. Giebt es denn auch Heirathen in Unehren?

Harl. Allein, ich besorge, sie mögte schon--

Peter. Was mögte sie schon?

Scapin. Schweig, Peter, ich verstehe schon was Harlekin meynt. Er besorgt, sie mögte schon einnal in Unehren geheirathet haben.

Peter. Nun verstehe ich es auch--

Harl. Was meynst Du nun? Wie fange ich es an, um hinter die Wahrheit zu kommen?

Scapin. Du mußt sie vorher probiren.

Peter. Bey meiner Treu, das ist vernünftig.

Harl. Allein, wie mache ich das?

Peter. O, das will ich wohl thun, wenn Sie es nicht verstehen.

Scapin. Ich weiß was zu thun ist. Wolltest Du wohl, Harlekin, ihr zu gefallen, eine Tracht Schläge vorlieb nehmen?

Harl. Die Schläge wohl, aber den Schimpf nicht.

Scapin. Nun da ist Rath zu. Höre, ich will Dir das Kleid meines Herrn verschaffen. Du weißt, er ist Hauptmann, und eine Uniform hat heut zu Tage viele Freyheiten; damit sollst Du diesen Abend zu ihr gehen. Läßt sie Dich nun zum Hause hinaus prügeln, so kannst Du glauben, daß sie die Krone von allen ehrlichen Mädchen ist. Nimmt sie Dich aber an, küßt und umarmt Dich, so nimmst Du das auf dem Marsche vorlieb, und weißt wie viel die Glocke geschlagen.

Harl. O mein lieber Scapin, das ist unvergleichlich. Ich danke Dir tausendmal für Deinen guten Rath. Mache mich nur geschwind zum Hauptmann. Ich brenne vor Verlangen, jene glückliche Tracht Schläge zu empfangen.

Peter. Ich wahrhaftig nicht. In meiner Heimath probirt man die Mädchen ganz anders.

Scapin. In meiner auch. Aber man bekömmt zuweilen etwas, was einem noch weit unangenehmer ist, als eine Tracht Schläge. Nicht wahr, Harlekin?

Harl. O Scapin, Du bist der klügste Schelm, den ich in meinem Leben gekannt habe. Mache nur geschwind, daß ich das Kleid von Deinem Herrn bekomme. Ich hoffe doch nicht, daß er es übel nehmen wird, wenn der Schimpf hiernächst darauf sitzen bleibt?

Scapin. O im geringsten nicht. Eben das Kleid, was ich Dir verschaffen will, hat schon mehrmal herhalten müssen. Ich will hingehen um es Dir zu bringen. Du mußt mir aber auch einmal wieder zu gefallen seyn, wenn Du nun ein Ehemann seyn wirst.

(Scapin geht ab)

Sechster Auftritt

Harlekin und Peter.

Harl. Du sagtest ja erst, Peter, man hätte in Deiner Heimath eine andere Probe, um zu erfahren, ob die Braut noch ächt sey.

Peter. O ja, das haben wir auch.

Harl. Wie macht Ihr denn das?

Peter. Da kommen wir her und suchen uns eine aus, die uns gefällt.

Harl. Das kann ich wohl denken.

Peter. Dann nehme ich mein Spinnrad, und gehe des Abends zu ihr ins Haus, setze mich neben ihr hin und wir spinnen denn alle Beyde.

Harl. Nun, spinnt Ihr denn immer fort?

Peter. Von ungefähr geht dann einmal die Lampe aus.

Harl. Das kömmt der Sache näher--

Peter. Spinnt die Braut nun im Finstern fort, ohne den Faden zu verlieren, so ist das ein gutes Zeichen.

Harl. Das ist wirklich so dumm nicht--

Peter. Steht aber das Rad stille, bricht der Faden und die Schnur schlägt wohl gar ab: so hohle es der Henker!

Harl. Wahrhaftig, die Leute sind klug; und wer hat euch das so gelehret?

Peter. Ich glaube, es muß so von Vater auf Sohn gekommen seyn. Denn wie unser Pastor einmal das Zusammenspinnen abschaffen wollte, so sagten die (B)Aeltesten im Dorfe: ihre Väter hätten es gethan, ihre Großväter hätten es gethan, und ihre Kinder sollten auch thun.

Harl. In dem Dorfe mögte ich wohnen!

Siebenter Auftritt.

Scapin mit einem Kleide unterm Arme, und die Vorigen.

Scapin. Stille! stille! wir wollen einen rechten Aufzug haben. Isabelle und Valer kommen daher, um ihre Rolle zu spielen. Es geht ihnen wie mir. Sie meynen, der Freyer werde gespielet, und weil an ihnen die Reihe ist, aufzutreten, wenn ich zum andernmale abgehe: so will ich itzt ganz ernsthaft herausgehn. Ihr aber geht auf die Seite so lange. Hier ist das Kleid, Harlekin, welches du immittelst anziehen kannst.

Harl. Vortrefflich!

Peter. Das ist des Henkers Comödie.

(Gehn ab.)

Achter Auftritt.

Isabelle und Valer.

Isabelle. Nein, mein werthester Graf, so schmeichelhaft es mir auch ist von Ihnen geliebt zu werden, und so sehr ich von Ihren rechtschaffenen Absichten überzeuget bin, so wenig finde ich mich vermögend Ihnen meine Hand zu geben. Mein Schicksal hat mich einmal auf die Schaubühne geführt; ich bin der Welt nichts mehr als eine Comödiantinn; und ich müßte Sie, mein werthester Graf, minder hochschätzen und minder lieben, wenn ich in Ihre Verbindung einwilligen und uns Beyde beschimpfen sollte: Sie, daß Sie Sich so weit herablassen und mich, daß ich einen Mann genommen, der so wenig Empfindung und so wenig Zärtlichkeit gegen seine eigne Ehre gehabt hatte.

Valer. Großmüthige Isabelle, je edler Sie Sich zeigen, je weniger ist es mir möglich Ihren Befehlen zu gehorchen. Ich kann ohne Sie nicht leben. Mein ganzes Glück beruhet auf unsre Verbindung. Das Recht ist auf der Seite der Tugend, der Schönheit und der Liebe. Vorurtheile dürfen uns nicht irre machen.

Isabelle. O! es giebt ehrwürdige, heilige Vorurtheile; und die Wahrheit muß sich oft erst in unsre eigne Meynung, in unser Vorurtheil verwandeln, ehe sie ihr Recht behaupten kann.

Valer. Aber Ihre Geburt ist der meinigen nicht ungleich. Sie sind von guter Familie, und daß das Schicksal Sie auf die Bühne geführt--

Isabelle. Nichts mehr hievon. Sie wissen, wie die Welt denkt. Sie wissen, mit welchen übeln Vermuthungen sie diejenigen verfolgt, welche sich der Bühne widmen, und es sollte mir ewig leid seyn, als Comödiantinn einen Mann zu beschimpfen, den ich als Prinzessinn glücklich zu machen wünschte.

Valer. Göttliche Isabelle!

(Er will ihre Hand nehmen.)

Isabelle. Auch diese Hand nicht, mein werthester Graf. Ich bin stolz, stolz auf Sie, stolz auf mich; und da ich Muth genug habe, meine Liebe Ihrer (B2)Ehre aufzuopfern, so müssen Sie auch so billig seyn, und der meinigen schonen.

Valer. Sie sind grausam. Sie handeln ungerecht mit Sich, ungerecht mit mir. Ich und mein Unglück bleibt zu Ihrer Verantwortung.

Isabelle. Ich kenne diese Sprache; aber ich weiß was ich mir von Ihrer Vernunft zu versprechen habe. Ueberlegen Sie nur einmal Selbst, wie empfindlich es Ihnen und mir seyn würde, wenn man in allen Gesellschaften vor uns fliehen, wenn jeder Blick Ihnen einen Vorwurf und mir eine Verachtung zeigen, wenn Ihre ganze Familie Sie hassen und mich verfolgen, wenn jedermann argwohnen würde--

Valer. Quälen Sie mich wenigstens nicht, wenn Sie mich nicht glücklich machen wollen. Ich habe das alles, und noch ein mehrers überlegt; ich habe mir alle diese Wahrheiten so deutlich vorgestellt, daß ich glauben konnte, unparteyisch zu urtheilen; und doch, schönste Isabelle, fiel der Schluß dahin aus, daß das Glück unsrer Vereinigung Alles das unendlich überwiegen würde.

Isabelle. Sie wissen, Herr Graf, daß ich gegen dieses Glück nicht unempfindlich bin. Sie wissen, daß mein ganzer Stolz durch diese Verbindung befriedigt werden würde. Verzeihen Sie mir aber, daß ich Sie auf eine zärtlichere Art liebe, und meinem Vorsatze getreu bleibe.

Valer. Sie begegnen einem Ieden sonst so gütig, Sie--

Isabelle. Keine Vorwürfe, Herr Graf. Da ich die Bühne betrete, so ist es meine Schuldigkeit, allen die dahin kommen, Höflichkeit und Dankbarkeit zu zeigen. Ich würde sonst unsrer Gesellschaft schaden, und eine Unanständigkeit begehen, die in den Umständen worin ich bin, für den Einen oder Andern beleidigend seyn könnte. Glauben Sie aber um deswillen ja nicht, mein lieber Herr Graf, daß wir mit unsrer Gütigkeit verschwendrischer sind als andre. Ieder Stand erfordert ein eignes Betragen; und wenn man das weiß, so macht man keine falsche Schlüsse.

Valer. Ich glaube nicht, daß Sie mir dergleichen Schuld geben können. Meine aufrichtige Liebe ist die beste Widerlegung, und die sicherste Probe, daß ich Ihre Gütigkeit in keinem Verdachte habe.

Neunter Auftritt.

Die Vorigen. Harlekin und Peter.

Harl. Ha! ha! ha! Spielen Sie hier eine Comödie?

Isabelle. Nun, was fällt Dir ein, Harlekin? Die Reihe ist ja gar nicht an Dir.

Harl. Die Reihe mag an mir seyn oder nicht, so muß ich Ihnen sagen, daß Herr Barthold sich versehen, und daß heute gar nicht gespielt, sondern in allem Ernste an einer Heirath gearbeitet wird.

Valer. Aber, was bedeutet denn das?

Harl. Was das bedeutet, wenn man heirathet?

Peter. Wissen Sie das nicht?

Valer. Herr Barthold und Ihr alle seyd verrückt. Ein andermal soll man es mir zweymal sagen, ehe ich hierher kommen und meine Rolle spielen will.

(Geht ab.)

(B3)Isabelle. Kann ich denn wohl so glücklich seyn, zu erfahren, was es für eine Heirath sey, woran heute gearbeitet wird?

Harl. Sie soll zwischen einem Bräutigam der sich Scrupel macht, einer Seits, und zwischen einer Braut die sich keine macht, ander Seits, geschlossen und nicht geschlossen werden.

Isabelle. Aus diesem räthselhaften Geschwätze schließe ich, Harlekin, daß Du es bist, der sich Scrupel macht.

Harl. Der Henker traue den Mädchen! Ich glaube, sie lesen einem aus den Augen was man denkt. Aber, was hat man denn auch anders in den Augen, wenn man erst zu Verstande kömmt, als die Lust zu heirathen? Sehen Sie mir das nicht gleich an?

Isabelle. O! das habe ich Dir lange angesehen, und Kolombinen ebenfalls.

Harl. Ey, schau doch, wie listig sie das Geheimniß herauslocken will!

Isabelle. So war denn doch die Heirath zwischen Dir und Kolombinen das Geheimniß? Nun, so wünsche ich Dir viel Glück damit; es ist ein braves Mädchen.

Harl. Dürfte ich wohl unterthänigst fragen, was Sie durch ein braves Mädchen verstehen? Ich habe sonst gemeint, die Pferde würden nur brav genannt.

Isabelle. Ich will damit nur sagen, daß Kolombine ihre Rolle gut spielt, daß sie sehr geschickt, sehr schön, sehr lustig, sehr gutherzig--

Harl. Aber nicht auch sehr tugendhaft sey?

Isabelle. O! das versteht sich von selbst; und ich kann Dir zur guten Nachricht sagen, daß sie noch gar kürzlich ein paar brillantene Ohrringe ausgeschlagen hat.

Harl. Aber der Freyer, der sie ihr angeboten, sollte der nicht so gewisse Vermuthungen gehabt haben, daß sie solche wohl annehmen würde?

Isabelle. Ich glaubte, Harlekin, Du dächtest besser von unsrer Schaubühne. Wenn man alle diejenigen von uns verurtheilen wollte, welche etwa einen freundlichen Blick vergelten, oder sich eine Versuchung zuziehen, so würde man sehr ungerecht gegen uns seyn.

Peter. Nein, der Faden muß wenigstens abbrechen und die Schnur vom Rade fallen, sonst kann man seiner Probe nicht sicher seyn.

Isabelle. Das dünkt mich auch, Peter; und wo ich Dich recht kenne, so würdest Du mein Cathrinchen gern nehmen, ohne Scrupel; und Du, Harlekin, thätest auch wohl, von der Probe nach der Hochzeit zu reden.

Harl. Das ist verflucht gefährlich, und zu seiner Zeit eben nicht tröstlich.

Isabelle. Ich wünsche Euch mit einander ein Paar Weiber, die Euch die Köpfe zurechte setzen; und wenn Herr Barthold seine selige Frau noch hätte, so würde er mich nicht hieher auf April geschickt haben. Das sagt ihm nur, wenn Ihr ihn sehet.

(Geht ab.)

(B4)

Zehnter Auftritt.

Harlekin und Peter.

Harl. Nun, Peter, wo hast Du meine Companie gelassen?

Peter. Hier ist sie (indem er ihm das Kleid holet und übergiebt).

Harl. (Zieht das Kleid über das seinige, und macht dabey ein Theaterspiel).

Elfter Auftritt.

Die Vorigen und Scapin.

Scapin. Ha! willkommen, mein werthester Herr Hauptmann!

Harl. Wie, Scapin, kennest Du mich denn nicht mehr?

Scapin. In der That, wenn Dich Deine Stimme nicht verrathen hätte, so würde ich Dich schwerlich erkannt haben.

Peter. Aber die Hosen?

Scapin. O! die kann man bey jedem Kleide tragen, und ein Witwer mag sie so gar in der Trauer anziehn.

Peter. Bey uns sagt man, es ist kein Herr so groß, oder der Narr blickt irgendwo hervor.

Harl. Ich bitte Dich, Peter, mache doch solche dumme Vergleichungen nicht. Ich habe diese Hosen mit Fleiß behalten; denn sollte die Probe unglücklich ablaufen, so hänge ich das Kleid sogleich an den Nagel, und bin wieder der ich war. Aber, was denkst Du, Scapin, sollte man mich wohl aus Achtung für die Uniform ungeschlagen zurückschicken?

Scapin. Mache Dir doch nur solche Skrupel nicht. Wenn Kolombine ein ehrliches Mädchen ist, und Du es recht bey ihr anfängst, so mußt Du Deine Schläge bekommen, oder ich verliere fünf Gulden.

Harl. Gut! es ist ein Wort.

Peter. Wahrhaftig, ich wette mit, Herr Harlekin. Kolombine ist ein ehrliches Mädchen. Sie bekommen die Schläge zuverlässig, und ich gewinne mein Geld, oder Sie haben es nicht recht darnach angefangen.

Harl. Peter, es gilt fünf Batzen; und mit Freuden will ich sie euch beyden auszahlen. Eins fällt mir aber itzt bey: ich habe gar kein Geld in der Tasche. Ich müßte doch wohl, wenn ich einen Versuch wagen will, so irgend einen Beutel mit Dukaten haben.

Scapin. Glaubst Du denn nicht, daß ich weiß, was Dir in solchen Fällen nöthig ist? Fühle nur einmal in die Taschen. In der einen steckt meines Herrn leerer Geldbeutel mit Zahlpfennigen, und in der andern das Futteral von seinen Schuhschnallen. Kolombine wird Dukaten und Iuwelen darin vermuthen, und wenn Du es ihr anbietest, Dir gewiß Beydes an den Kopf werfen, ohne zuzusehen was darin ist.

Harl. Weißt Du dies gewiß?

Scapin. So gewiß als Du den Glauben auf den Puckel bekommen wirst.

Peter. Viel Glücks dazu.

Harl. (zu Scapin) Wolltest Du mich wohl bey Kolombinen melden?

(B5)

Scapin. Ey, warum nicht? Ich diene meines Herrn Uniform, und schäme mich nicht, solche bey Kolombinen anzumelden.

Harl. So gehe geschwind.

Zwölfter Auftritt.

Harlekin und Peter.

Harl. Der Scapin ist doch ein durchtriebner Kopf, und weiß zu allem Rath.

Peter. Nach meinem dummen Verstande gehört eben nicht viel Witz dazu, Ihnen zu einer guten Tracht Schläge zu verhelfen. Das wollte ich auch wohl thun.

Harl. O mein guter Peter, das ist weit über Deinen Horizont. Du weißt es nicht, wie angenehm mir diese Schläge seyn werden.

Peter. Nun, meinethalben. Alles wie Sie wollen. Wenn ich nur meine fünf Batzen gewinne. Ich fange aber nunmehro an zu fürchten, Sie werden, wenn die Wette verloren geht, in den Beutel mit Zahlpfennigen greifen.

Harl. Du sollst Deine fünf Batzen gewiß haben, oder ich heiße nicht Hauptmann von Astaroth.

Peter. Ach, meynen Sie nicht, daß die Leute Sie erkennen werden? Ihre Stimme verräth Sie gleich.

Harl. Die weiß ich schon zu verstellen. Ich will die ordentliche Rolle eines Hauptmanns spielen, so wie ich sie gelernt habe.

Dreyzehnter Auftritt

Die Vorigen und Scapin.

Scapin. Die Mademoiselle Kolombine Barthold läßt sich dem Herrn Hauptmann von Astaroth gar schön zurück empfehlen, und weil sie nicht glaubte, daß der Herr Hauptmann ihr etwas Heimliches zu sagen haben würden, so wollte sie die Ehre haben, denselben hier auf der Bühne zu empfangen.

Harl. War sie allein?

Scapin. Sie saß und nähete an einem Unterrocke, worin sie mit Dir, wie ich hoffe, getrauet werden wird; ein allerliebstes Röckchen von feuerfarbenem Atlas mit Spitzen eingefaßt, nicht kostbar, aber niedlich.

Peter. Sie kommt! Sie kommt!

Scapin. Komm Peter, wir wollen in die nächste Schenke gehn, und unsre künftige Wette vertrinken.

(Letztere gehn ab.)

Vierzehnter Auftritt

Harlekin. Kolombine.

Harl. Assah! Miß Pudding, wie stehts? Ist die Leber noch frisch, und seyd Ihr diesen Winter gut bequartirt?

Kolombine. Darf ich fragen: was zu des Herrn Hauptmanns Befehl sey?

Harl. Zu meinem Befehl? Drey Küsse auf eine Stelle, mein Schatz, drey Küsse--

Kolombine. Ich weiß nicht, ob ich es recht verstanden habe, der Herr Hauptmann von Astaroth sind bey mir gemeldet worden.

Harl. Das bin ich im Original, mein kleines Zuckermündchen. Darf ich aber auch wohl fragen, ob Sie nicht die Mademoiselle Kolombine Bartholdinn sind?

Kolombine. Ihnen aufzuwarten, Herr Hauptmann.

Harl. Nun, so sind wir ja bekannte Leute und Nachbars Kinder. Komm dann, mein Schatz, und küsse mich.

Kolombine. Ich glaube immer noch, ich irre mich. Man hat mir gesagt, daß Sie einige Bestellungen von einer sehr guten Freundinn, die ich auf dem Lande habe, an mich hätten.

Harl. Ia, recht, mein liebes Sauernüßchen. Hier habe ich ein Paar orientalische, peruvianische Ohrringe, und dort einen Beutel mit eintausend gerändelten Species-Dukaten. Was dünkt Dir dabey, mein Rosenknöspchen?

Kolombine. Ich begreife noch eigentlich nicht, wozu das alles?

Harl. Wozu, Mädchen? *Primo* sollst Du mich dafür neun und neunzig Mal küssen.

Kolombine. Ach, wer weiß bey welchem Mädchen Sie diese Ohrringe wohl erbeutet haben, und ob Sie ihr nicht gar dabey die Ohren ausgerissen!

Harl. Ich eroberte sie in dem Laufgraben vor Schweidnitz, und diese tausend Dukaten habe ich einem französischen Marschalle *en rase campagne* abgenommen.

Kolombine. Ich sehe wohl, Herr Hauptmann, Sie haben an mich nichts zu bestellen, und ich will mich Ihnen nur gehorsamst wieder empfehlen.

Harl. O Prinzessinn! so wird es nicht gehn. Flugs hierher!

(Er nimmt sie bey der Hand, und stellet sie so daß sie ihm nicht entgehen kann.)

und diese Ohrringe, diese Dukaten, diese Küsse angenommen.

(Er will sie küssen, und sie wehret sich.)

Kolombine. Ich bitte Sie recht sehr, Herr Hauptmann, mäßigen Sie Sich.

Harl. Was mäßigen? Drey Iahre belagere ich eure verdammte Schaubühne, als wenn ich eine Festung belagere; und beständig habe ich meine Kanonen auf Dich gerichtet. Daß ich endlich einmal Sturm laufe, mußt Du mir nicht verdenken. Sogleich diese Ohrringe eingesteckt!

(Er dringt ihr solche auf, sie fallen aber auf die Erde.)

und hier diese tausend Dukaten, oder

(wie vorher.)

und nun gehts auf die Bresche los.

(Er umarmt sie auf seine Art.)

Kolombine. Ach mein Gott! Gewalt, Gewalt, Gewalt!

Funfzehnter Auftritt

Die Vorigen, Barthold, Scapin und Peter kommen von allen Seiten.

Barth. Was ists, was ists, was ists?

Kolombine. Sehen Sie nicht, der Herr Hauptmann will mich mit Gewalt küssen, und mich zwingen tausend Dukaten und ein Paar brillantene Ohrringe anzunehmen.

Barth. Und darum schreyest Du so, Mädchen? Ich wette, wenn ich den Herrn Hauptmann mit Gewalt zum Hause hinaus werfe, er macht nicht einen solchen Lerm.

(Kolombine hebt inzwischen das Kästchen auf und sieht aus Vorwitz hinein.)

Harl. Ich bitte, sprechen Sie mit mehr Achtung von mir, sonst will ich Ihnen was anders zeigen.

Barth. Geschwind heraus damit, was wolltest Du mir anders zeigen?

Harl. Ich habe es nicht nicht bey mir; aber, wenn Sie erlauben wollen, so will ich hingehen und es holen.

Barth. Du bist sehr fein, wie ich merke; inzwischen, wenn Sie es erlauben wollen, so will ich Ihnen vors erste wohlmeynend eine Tracht Schläge mitgeben. Sie mögten es vielleicht vergessen sie abzuholen.

(Er prügelt ihn zur Schaubühne herunter. Scapin und Peter halten ihm überall wo er hin läuft, die Hände vor, um ihr Geld zu empfangen. Harlekin entflieht endlich.)

Wo ist der Beutel mit den tausend Dukaten, und wo sind die demantenen Ohrringe? Diese erkläre ich hiermit für verfallen. Ich muß dieses Urtheil nur geschwind selbst sprechen, damit der Richter das *Corpus delicti* nicht zu sich nehme.

Kolombine. Ach daß Gott erbarme! Lassen Sie doch diese Sporteln immerweg dem Richter; er wird sie den Parteyen treulich wieder ausliefern, und sich gern mit der Gebühr befriedigen. Sehen Sie hier.

(Er nimmt den Beutel und das Kästchen.)

Scapin. Erlauben Sie, Herr Barthold, daß wir Ihnen eine Vorstellung thun. Es war unser guter Harlekin, der hier, in des Herrn Hauptmanns Kleidung, die Erfrischung zu sich genommen.

Barth. Wie? Harlekin?

Peter. Ia, bey meiner Treue; er hat die Schläge nur auf des Herrn Hauptmanns Rechnung genommen, und ich bin froh, daß er sie empfangen hat. Ich habe mit ihm um fünf Batzen gewettet, und bereits die Hälfte davon vertrunken.

Kolombine. O, der arme Harlekin! wenn ich das gewußt hätte, ich würde ihm gewiß zu seiner mehrern Beruhigung noch eins mitgegeben haben.

Scapin. Ich kann Sie versichern, er ist so froh von seinen Schlägen, daß er sie gerne noch einmal nehmen wird, wenn er die Ehre haben kann und Sie Sich die Mühe nehmen wollen.

Kolombine. Kömmt Zeit, kömmt Rath.

Barth. Aber es ärgert mich doch, daß die tausend Dukaten-- Fast hätte ich Lust, ihm den Prozeß machen zu lassen. Falsche Münze! Nothzucht-- wahrhaftig, eins von Beyden hat schon manchen ehrlichen Mann an den Galgen gebracht. Aber still; hört, geht Ihr hin, und trinkt Eure Zeche. Ich will alles gut machen. Sagt ihm aber nichts davon, daß ich einige Nachricht von seiner Verkleidung habe.

Scapin. Sie sind ein redlicher Mann, Herr Barthold. Kein Wort aus meinem Munde!

(Er hält den Finger auf den Mund, und geht ab.)

Peter. Auf Ihre und Mamsell Kolombinens Gesundheit!

(Er hält die ganze Hand auf den Mund, und geht ab.)

Sechszehnter Auftritt.

Barthold und Kolombine.

Barth. Ich zweifle nicht daran; oder Harlekin wird itzt kommen, nachdem er seine närrische Probe gemacht, und um Dich anhalten. Euer sind viele, meine liebe Kolombine, und wenn Harlekin bisweilen ein bisschen einfältig ist, so mußt Du denken: daß diese seine Einfalt unsrer Bühne vielen Vortheil bringt, und daß wir ohne ihn nicht wohl fertig werden konnen. Was meynst Du also von ihm? Soll ich Ia, oder Nein sagen, wenn er um Dich anhält?

Kolombine. Nein, Papa!

Barth. Nein, Papa! und warum denn, Nein, Papa?

Kolombine. Aber ein Mann, der mir ein so schlechtes Vertrauen beweißt? Der erst mit Schlägen zur Vernunft gebracht werden muß?-- Der--

Barth. O! die Liebe macht auch kluge Leute Narren; man muß dieser Thorheit etwas zu gute halten, und Schläge auf der Bühne beschimpfen Harlekin nicht. Das ist so seine tägliche Rolle. Er wird zu allem geschlagen, und sogar zum Hahnrey. Und Du kannst mir als Deinem Vater wohl glauben, die Leute, welche eine gewisse bekannte Art von Klugheit oder Narrheit haben, sind am besten zu regieren. Die mehrsten Menschen heirathen als Narren, und werden erst klug als Männer, wenn sie auch im Ehestande nichts weiter lernen, als die Kunst zu schweigen. Zu einer guten friedlichen Ehe gehört Iugend, Gesundheit und Geld. Das übrige läßt sich entbehren, insbesondere der Verstand, wenn man sein Brot mit der Dummheit verdienen muß.

Kolombine. Es sey darum wie es wolle; da wir keine Comödie spielten, so hätte er mehr Verstand gebrauchen sollen. Er ist so dumm nicht, wie Sie meynen, und ich habe von Natur einen verzweifelten Trieb die Listigen zu überlisten.

Barth. Du kannst ihn nicht besser überlisten, als wenn Du ihn zum Manne nimmst.

Kolombine. Erst soll er mir wenigstens hier vor allen Leuten öffentlich Abbitte thun, und dann will ich sehen was ich thue.

Barth. Warum soll er denn aber für den Hauptmann von Astaroth Abbitte thun, mein Kind? Wir brauchen es ja nicht zu wissen, daß Harlekin sich so übel aufgeführt hat.

(C)

Siebenzehnter Auftritt.

Die Vorigen und Harlekin.

Harl. Nun, mein liebes Kolombinchen, wollen wir itzt Braut und Bräutigam spielen? Ich will wohl, wenn Sie will.

Kolombine. Ich will aber nicht.

Harl. Wie? Du willst nicht?

Kolombine. Haben Sie mich diese Antwort nicht selbst gelehret?

Harl. Ia, das habe ich gethan; aber das war nur eine Rolle in der Comödie.

Kolombine. Nun, ich spiele itzt die meinige. Ich will nicht.

Barth. Kinder, was Ihr thun wollt, das thut bald; es ist meine Zeit zu trinken, und die versäume ich nicht gern.

Harl. Noch einen Augenblick, Herr Barthold, ich muß Ihnen erst einen listigen Streich erzählen. Kennen Sie den Herrn Hauptmann von Astaroth?

Barth. O ja, ganz gut. Ich habe noch eben die Ehre gehabt, ihn aus meinem Hause zu prügeln.

Kolombine. Es ist ein sehr schlechter Mensch.

Harl. O wenn Sie es wüßten!

(Er geht auf der Bühne herum, und freuet sich.)

Barth. Ich denke doch nicht; daß er sich der empfangenen Ehre rühmen wird?

Harl. O, mein guter Herr Barthold, wenn Sie es wüßten! Gelt? Sie glauben den Herrn Hauptmann von Astaroth geschlagen zu haben? Ha! ha! ha!

Barth. Ia, das meyne ich.

Harl. Sehen Sie mich einmal recht an! und fühlen hier auf meinen Rücken! He! he! he!

Barth. Bey meiner Ehre, ich sollte fast glauben, daß ich hieher geschlagen hätte. Ich kenne ungefähr meinen Zug. Aber, wie geht das in aller Welt zu?

Kolombine. O, mein lieber Harlekin, thun Sie mir den Gefallen, und sagen mir, ob nicht ein wenig Hexerey mit unterläuft?

Harl. Nun, was soll ich haben, wenn ich Dir das Geheimniß entdecke?

Kolombine. Wir wollen auch oft Braut und Bräutigam mit einander spielen.

Harl. Unvergleichlich! aber erst, mein liebes Kolombinchen, mußt Du mir im Vertrauen sagen, warum Du so gern die Braut spielest?

Kolombine. Das kann ich Ihnen nicht sagen; aber ich bin denn so munter, so leicht, so aufgeräumt, so tanzend.

Harl. Hast Du wohl schon so recht im Ernste getanzt?

(C2)

Kolombine. Nun, da Sie wieder so fragen, will ich das Geheimniß gar nicht mehr wissen. Gehen Sie damit, und eröffnen es meinem Cathrinchen.

Harl. Du sollst es nun aber wissen.

Kolombine. Nichts! Itzt durchaus nicht; und wenn Sie mir auch tausend gerändelte Dukaten geben wollten.

Harl. Ich merke schon--

Barth. Vertrauen Sie es mir allein, Harlekin; bey Mädchen sind die Geheimnisse ohnehin etwas lose verwahrt. Sie fallen leicht aus der Hülse.

Harl. Hören Sie, Herr Barthold; und St! St! Kolombine,--ich war der Hauptmann von Astaroth. Ich hatte nur seinen Rock hier über den meinigen gezogen. Ha! ha! ha!

Barth. Nimmermehr.

Harl. In der That. Aber kannten Sie mich nicht hier an meinen bunten Hosen? Ha! ha! ha!

Kolombine. Ietzt besinne ich mich; ich sahe etwas davon schimmern.

Harl. Gelt! mein guter Herr Barthold, ich habe Sie einmal rechtschaffen angeführt? Ha! ha! ha!

Barth. Auf solche Art sollte der ehrlichste Mann betrogen werden. Aber, ich bitte Sie tausendmal um Vergebung, daß ich mich so nachdrücklich gegen Sie herausgelassen habe.

Harl. O! Sie haben gar nicht Ursache. Ich bin vielmehr froh, daß es so gekommen ist; denn nunmehr bin ich versichert, daß Kolombinchen die Krone von allen Iungfrauen ist. Meine Scrupel sind nun alle weg.

Kolombine. Die meinigen gehen aber nun erst an.

Harl. O, mein allerliebstes Lockvögelchen, Du kannst mich nur wieder ein Vierteljahr auf die Probe nehmen, ich bin es gerne zufrieden. Wenn Sie will, ich will wohl.

Kolombine. Die Probe mögte schlecht ausfallen; ich weiß schon, wie das geht.

Harl. Wie? Du weißt es wie das geht?

Barth. Haben Sie noch Scrupel?

Harl. Ach nein! aber Sie weiß wie das geht.

Kolombine. Ia, ich weiß wie das geht. Ein ehrliches Mädchen, das einen Mann auf die Probe nimmt, muß ihn hernach immer behalten; und das will ich nicht.

Harl. Höre, mein Schätzchen, wenn Du willst, so will ich es Dir schriftlich geben, daß die Probe nicht länger als einen Monat währen soll.

Kolombine. Bemühen Sie Sich nicht. Sie wissen, was Sie mir zuvor sagten: Wenn die Comödie aus ist, so hat die Freyerey ein Ende. Ich empfehle mich Ihnen ganz gehorsamst.

(Sie will abgehn.)

Harl. O Herr Barthold! Herr Barthold! das wäre zu viel, erst Schläge, und nun gar einen Korb! Das ist eine Comödie und auch keine Comödie.

Barth. Hier, Kolombine! Die Comödie ist noch nicht zu Ende. Du weißt, sie muß allezeit mit einer Heirath schließen.

Kolombine. Nein, Papa! Das ist nicht nöthig; wir haben viele Stücke auf unsrer Bühne, welche sich bloß mit Schlägen endigen: und wenn es recht zugegangen wäre, so hätte Harlekin, oder der Herr Hauptmann von Astaroth, auch damit zu Hause gehen müssen.

Barth. Ich rathe Ihnen, mein lieber Harlekin, hier meiner Tochter Ihre Scrupel öffentlich abzubitten.

Harl. O von Herzen gern! Siehe hier, mein Engels Kolombinchen, ich liege hier vor Dir auf den Knieen, und bitte öffentlich um Vergebung.

Kolombine. Sie müssen mir erst Ihr Schwert übergeben. Es schickt sich nicht, daß Sie solches in dieser Stellung an der Seite tragen.

(Er überreicht ihr seinen Säbel.)

Sie hätten verdient, Herr Hauptmann von Astaroth, daß ich Ihnen jetzt mit Ihrem eigenen Säbel die Haut voll schlüge. --Weil Du es aber bist, mein allerliebstes Harlekinchen, so will ich--

Harl. O kein: will ich nicht! kein will ich nicht!

Kolombine. So will ich--

Harl. Nun, so will ich--

Kolombine. So will ich die Strafe fürs erste noch aufschieben--

Harl. Nur nicht bis in den Ehstand!

Kolombine. Aber mit der ausdrücklichen Bedingung: daß wir noch immerfort alle Tage Braut und Bräutigam spielen.

Harl. O ja! o ja!

Barth. Ach, meine lieben Kinder, ihr wißt noch nicht, was dazu gehört.

Harl. Wie? Herr Barthold, so bekomme ich ja alle Tage von der braunen Kruste.

Barth. Die ist für eine tägliche Kost etwas zu hart; und wenn man ein Stück zu oft wiederholt, so werden es sogar die Zuschauer müde.

Kolombine. Sorgen Sie nicht, Papa; ich weiß schon, wie Harlekin sie am liebsten ißt. Er kann es ja probiren, und wenn er sie dann nicht mehr mag, so will ich ihm was anders vorsetzen.

Barth. O du liebe Einfalt! aber kommt Kinder, weil der Braten noch warm ist.

Kolombine. Ich bin fertig.

Barth. Ie nun; so wollen wir den Zuschauern eine gesegnete Abendmahlzeit wünschen.

Harl. Und zur Probe, eine braune Kruste.

*) Man sehe über dies scherzhafte Stück die Nachricht, welche ich in Möser's Leben S. 81 f. davon gegeben habe. Da es in seiner Art merkwürdig ist, habe ich es auch besonders abdrucken lassen. R.